Was ist Lernen an Stationen?

Beim Lernen an Stationen handelt es sich um eine Form selbstständigen Arbeitens, bei der
- ☐ unterschiedliche Lernvoraussetzungen,
- ☐ unterschiedliche Zugänge und Betrachtungsweisen,
- ☐ unterschiedliches Lern- und Arbeitstempo
- ☐ und häufig fächerübergreifendes Arbeiten

berücksichtigt werden.

Grundidee

Den Kindern werden Arbeitsstationen zur individuellen Bearbeitung angeboten, an denen sie selbstständig, in beliebiger Abfolge und meist auch in frei gewählter Sozialform entsprechend ihren Möglichkeiten und Fähigkeiten arbeiten. Damit soll ihnen optimales Lernen und Üben ermöglicht werden.

Herkunft und Entwicklung

Die Idee des Lernens an Stationen, auch Lernzirkel genannt, kommt ursprünglich aus dem Sportbereich. Das „circuit training", von Morgan und Adamson 1952 in England entwickelt, stellt den Sportlern unterschiedliche Übungsstationen zur Verfügung, die sie der Reihe nach oder in freier Auswahl durchlaufen.

Eine Übertragung dieser Lernform auf Unterrichtsinhalte in verschiedenen Fächern wurde zunächst an der Schallenbergschule in Aidlingen/Baden-Württemberg, später am Seminar für schulpraktische Ausbildung in Sindelfingen und seit etwa 1980 an vielen Schulen aufgegriffen und stetig weiterentwickelt.

Der Herausgeber und die Autoren stellen die Ergebnisse ihrer eigenen praktischen Arbeit und Erfahrung in dieser Reihe vor und bieten ihre Materialien als Grundlage für den direkten Einsatz oder als Grundlage für eine Anpassung an eigene Bedürfnisse an.

Zielrichtungen

Das Lernen an Stationen kann unterschiedliche Ziele verfolgen:
- ☐ durch ein breites Angebot optimales Üben ermöglichen, das die verschiedenen Lerneingangskanäle, allgemeine Übungsgesetze, unterschiedliche Aufgabenarten, Schwierigkeiten und Hilfestellungen berücksichtigt,
- ☐ vertiefendes Bearbeiten eines Inhalts beziehungsweise eines Themengebietes, indem Kinder nach zuvor gestalteter Übersicht oder Einführung die Inhalte auf ihre Art, mit ihren Möglichkeiten und in ihrem individuellen Tempo auf unterschiedlichen Ebenen selbstständig bearbeiten,
- ☐ selbstständig Themengebiete erarbeiten, indem die Kinder durch angemessene Arbeitsangebote Sachverhalte hinterfragen, erforschen, erfahren, gestalten usw.,
- ☐ Angebote aus Schulbüchern oder Medien unter ganzheitlicher Betrachtungsweise aufarbeiten, indem die Kinder Aufgabenstellungen zu Teilgebieten mit unterschiedlicher Betrachtungsweise und auf unterschiedlichen Ebenen fächerübergreifend bearbeiten.

Organisation

Die einzelnen Arbeitsaufträge geben den Kindern klare oder offene Aufgabenstellungen mit eindeutigen Anweisungen. Die Angebote werden im Klassenzimmer zur Verfügung gestellt, indem der Arbeitsauftrag durch Aushängen oder Auslegen bereitgestellt wird. Dazu bietet sich zum Schutz das Verpacken in Prospekthüllen an.

Als Ort zum Aushängen eignen sich alle Wand- und zum Teil auch die Fensterflächen. Pinn-Nadeln oder Nägel (Nagelleisten) erleichtern das Aufhängen und Abnehmen. Beim Auslegen der Arbeitsangebote bzw. -aufträge helfen Ablagekörbe, Ordnung zu halten.

Das Bereitstellen außerhalb der Schülerarbeitstische (also auf Fensterbänken, Nebentischen oder durch Aufhängen) erübrigt das tägliche Aufbauen und Wiederabräumen, stellt also eine große zeitliche und organisatorische Erleichterung dar. Falls im „Fachlehrerbetrieb" der ständige Abbau nötig ist, sind ineinander stapelbare Ablagekörbe, in denen die Aufträge verbleiben, sehr hilfreich.

Die Kennzeichnung der einzelnen Stationen durch Ziffern, Buchstaben oder Symbole hilft den Kindern bei der Orientierung. Durch bewusste Verwendung dieser Ordnungsangebote kann die Struktur des Themengebietes oder eine andere Struktur (z. B. Arbeitsform o. Ä.) gleichzeitig verdeutlicht werden.

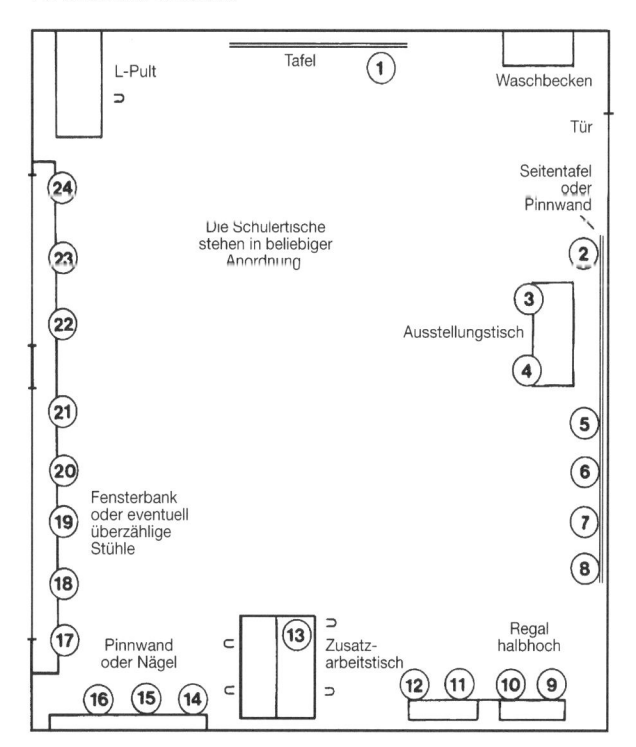

Eine Fortschrittsliste bzw. ein Laufzettel gibt Kindern wie Lehrkräften jederzeit eine Rückmeldung über den derzeitigen Bearbeitungsstand und dient der Übersicht.

Bearbeitungsdauer
Die tägliche Bearbeitungszeit sollte in der Regel etwa eine, im Höchstfall bis zu zwei Unterrichtsstunden betragen. Der insgesamt mögliche Zeitrahmen ist den folgenden Hinweisen zur aktuellen Thematik zu entnehmen.

Auswahlangebote
Den Kindern ist sinnvollerweise ein Auswahlangebot zu ermöglichen. Minimalanforderungen können von der Lehrerin oder dem Lehrer definiert werden. Als Orientierungshilfe finden Sie dazu in den Hinweisen zu diesem Themenheft weitere Angaben.

Einführung
Eine besondere Einführung erübrigt sich meist, wenn die Kinder bereits vor Beginn der eigentlichen Arbeit die Stationen und ausgelegten Materialien ansehen können. Die kindliche Neugier sowie gegenseitige Informationen und Gespräche machen dann nur noch in seltenen Fällen eine Vorstellung einzelner Stationen und die erstmalige Zuweisung der Anfangsstation erforderlich.

Sonstige Tipps
Organisatorische Bedingungen und Festlegungen sind möglichst an der konkreten Situation und erst beim tatsächlichen Bedarf zu klären und zu regeln. Ist die Klassenstärke größer als die Anzahl der zur Verfügung stehenden Arbeitsstationen, können Sie die einzelnen Arbeitsaufträge mehrfach anfertigen. Weitere Hinweise zur Organisation, zu den Inhalten und zum Lernen an Stationen allgemein finden Sie im Einführungsband zu dieser Reihe, der unter dem Titel *Lernen an Stationen in der Grundschule. Ein Weg zum kindgerechten Lernen* beim Cornelsen Verlag Scriptor (ISBN 3-589-21108-3) erschienen ist.

Roland Bauer
(Herausgeber)

Allgemeine Hinweise zu diesem Themenheft

„Ist es nicht eine merkwürdige Sache mit den Buchstaben und den Wörtern? Stell dir vor, man nimmt eine Menge vollkommen sinnlose s und k und b und wie sie nun alle heißen und setzt sie so zusammen, dass Wörter daraus werden, Wörter, die einen Sinn haben. Und dann kannst du die Wörter zu Sätzen zusammenfügen und sie zwischen zwei Buchdeckel legen, und schon hast du ein Buch!" (Astrid Lindgren, Oetinger Almanach, Hamburg 1970) Was sich hier so einfach liest, stellt sich bei näherer Betrachtung als ein sehr komplexer Prozess dar.

Das Schreiben bedarf zunächst einer **Motivation oder eines Zieles**. Die für Schüler typische Schreibmotivation besteht häufig leider nur in der Note, die sie für ihre Texte von Lehrern erhalten und die sie ebenso häufig nicht nachvollziehen können. Sollte die Motivation aber nicht auch darin bestehen, der Klasse oder einzelnen Mitschülern seinen Text vorzutragen und Lob bzw. Kritik oder Verbesserungsvorschläge zu erhalten? Schreiben also nicht nur für den Lehrer, sondern für eine Öffentlichkeit?

Bevor wir mit dem Schreiben beginnen, müssen **Ideen oder Informationen** gesammelt, geordnet, gewichtet, verworfen und eventuell wieder hervorgeholt werden. Dies ist ein Prozess, der in der Regel im Kopf stattfindet, er sollte aber auch in spontaner schriftlicher Form geübt werden. Die Station „Gedankenblitze" (S. 43/44) hat dies zum Ziel. (Siehe hierzu z.B.: G. Rico, Garantiert schreiben lernen.) Ideen und Fantasien können aber auch nur in einem Raum entstehen, der diese spontane Form zulässt. Schreiben – vor allem auch schulisches Schreiben – bedarf der Freiheit, Fantasien auszuleben und aufzuschreiben. Jedes Kind hat Fantasie und ein kreatives Potenzial, aber nur selten ist es erlaubt, dies in der Schule zu Papier zu bringen. Reizwörter wie *Radtour, Gewitter, Schutzhütte* bedürfen keiner Ideensammlung mehr, sie sind schon eine Geschichte!

Nun kann der eigentliche **Schreibprozess** beginnen. Ob Schüler dabei eher linear-logisch oder kreativ-chaotisch vorgehen, sollte ihnen überlassen bleiben. Wichtig ist beim Schreiben letztlich das Ergebnis und nicht die Art, wie es zustande kommt.

Zum Schluss folgt dann eine entscheidende Phase des Schreibprozesses: Bin ich mit dem Ergebnis meines Schreibens zufrieden? Oder anders formuliert: Habe ich mein Schreibziel erreicht? Dieser **Evaluierungsprozess** ist immer Teil professionellen Schreibens und sollte somit auch Teil des schulischen Schreibens sein. Nur allzu oft wird gerade dies in unserer schulischen Praxis ausgeklammert. Genau hier setzt unser Arbeitsheft an. Geschriebene Texte werden einer Öffentlichkeit vorgestellt und von ihr besprochen. Nun erkennen die Verfasser, dass sie ihren Text überarbeiten müssen, wenn sie zufriedene Zuhörer wollen. Dies immer wieder zu üben ist also ein sehr wichtiger und elementarer Bestandteil einer konsequenten, an realen Schreibprozessen orientierten Aufsatzerziehung. Und auch hier gilt es, die Motivation zu erhalten. Denn ein bereits benoteter Aufsatz kann vom Schüler nicht mehr überarbeitet werden, so wie ein bereits gedruckter Zeitungsartikel nicht mehr geändert werden kann. Im extremen Fall kann er im Nachhinein höchstens richtig gestellt werden.

Wichtig ist in dieser letzten Phase des Schreibprozesses, dass die Schüler über Techniken und Hinweise verfügen, wie sie ihr persönliches Schreiben verbessern können. In diesem Sinne haben viele Stationen exemplarischen Charakter. In der Station „Lauter merkwürdige Sätze" (S. 26/27) werden auch konkrete Formulierungen aus Texten unserer Schüler einbezogen.

Und noch ein Aspekt ist uns wichtig: Die Stationen sind weitgehend für **Partner- oder Gruppenarbeit** konzipiert, um so den Bezug zwischen Verfasser und Zuhörer bzw. Berater herzustellen. (Siehe hierzu die umfassende Literatur zum Thema Schreibkonferenzen.) Oben rechts auf den Stationsblättern befindet sich ein Symbol für die jeweils empfohlene Sozialform.

„Geschichten erfinden ist schön, und zwar deswegen, weil du dir alles, alles ausdenken kannst, was du erleben möchtest und was du tun möchtest, wo du einmal sein möchtest, und es gibt keine Grenzen und kein Ende. Es gibt auch nichts, was nicht geht, in deinen eigenen Geschichten." (Janosch)

Helfen wir den Schülern dabei, dass sie Freude an ihren eigenen Geschichten erfahren.

Hinweise zur Bearbeitung

Die Stationen sind in vier **Arbeitsbereiche** gegliedert, die jeweils mit einem eigenen Symbol gekennzeichnet sind:

Wortübungen

Satzübungen

Übungen an Texten

Geschichten verfassen

Die angebotenen Stationen stellen ein **Anbot** dar, aus dem eine Auswahl getroffen werden kann. Auf eine fortlaufende Nummerierung wurde deshalb verzichtet. Um den Schülern die Orientierung zu erleichtern, werden die ausgewählten Stationen oben auf der Seite nummeriert.

Alle Schüler erhalten eine Kopie des **Laufzettels** (S. 5). Die Nummerierung der ausgewählten Stationen muss zuvor auf den Laufzettel übertragen werden. Entfallen Stationen, können sie auf dem Laufzettel überklebt oder durchgestrichen werden. Jede erledigte und von Ihnen kontrollierte Aufgabe kennzeichnen die Schüler dann farbig. Damit haben Schüler und Lehrer eine gute Übersicht über den Arbeitsprozess.

In diesem Themenheft werden die lateinischen Bezeichnungen der **Wortarten** verwendet, in Klammern ergänzt durch eine deutsche. Falls Sie andere Bezeichnungen verwenden, empfiehlt es sich, die entsprechenden Textstellen vor dem Vervielfältigen entsprechend zu korrigieren. Dies betrifft die Seiten 15, 18, 19 und 23.

Jedes Stationsblatt trägt ein Symbol für die empfohlene **Sozialform** (Einzel-, Partner-, Gruppenarbeit).

Stationenüberblick

Wortübungen   Seite

Wortfeld *gehen* 6
Wortfeld *sagen* I 8
Wortfeld *sagen* II 11
Verschiedene Satzanfänge finden 13
Zeitformen anwenden 15
Treffende Adjektive finden 18
Lebendiger erzählen 19

Satzübungen

Sätze verlängern 21
Sätze bilden 23
Sätze umstellen – Sätze verbinden 24
Lauter merkwürdige Sätze 26

Übungen an Texten   Seite

Wörtliche Rede und Begleitsatz I 28
Wörtliche Rede und Begleitsatz II 31
Satzzeichen setzen 33
Einen Text in die richtige Reihenfolge bringen .. 35

Geschichten verfassen

Spickzettelgeschichten 37
Eine Geschichte ausführlicher schreiben 39
Eine Geschichte weiterschreiben 41
Gedankenblitze 43
Eine Überschrift finden 45
Eine Reihumgeschichte erfinden 46

Materialliste und Anmerkungen zu den einzelnen Stationen

Bitte entnehmen Sie allgemeine Hinweise zur Durchführung des Lernens an Stationen den einleitenden Seiten dieses Heftes.
Bei Stationen, für die alle Schüler ein eigenes Arbeitsblatt zum Ausfüllen benötigen, können auch einige Kopien foliert und mit einem Folienstift beschriftet werden. Nach dem Löschen der Eintragungen kann die Folie dann wiederverwendet werden.

Wortübungen

Seite

Wortfeld *gehen* 6
Arbeitsblatt für alle Schüler kopieren, Lösungsblatt vorbereiten (S. 48) – Es empfiehlt sich, die Hilfe-Karte mit der Kopfleiste gesondert zu kopieren.

Wortfeld *sagen* I 8
Arbeitsblätter für alle Schüler kopieren, Lösungsblatt vorbereiten (S. 48), Hilfe-Karte gesondert bereitstellen

Wortfeld *sagen* II 11
Stationsblatt und Gedicht in einigen Exemplaren zur Verfügung stellen, evtl. auch die Hilfe-Karte (S. 8)

Verschiedene Satzanfänge finden 13
Arbeitsblatt für alle Schüler kopieren oder als Folie auslegen, Hilfe-Karte gesondert bereitstellen

Zeitformen anwenden 15
Memory-Karten mit den Verben aus dem Text „Der Traum vom Fliegen" folieren und ausschneiden (evtl. mehrere Kartensätze zur Verfügung stellen), Arbeitsblatt für alle Schüler kopieren

Treffende Adjektive finden 18
Stationsblatt für alle Schüler kopieren

Lebendiger erzählen 19
Arbeitsblatt für alle Schüler kopieren oder als Folie auslegen

Satzübungen

Sätze verlängern 21
Arbeitsblatt für alle Schüler kopieren oder als Folie auslegen

Sätze bilden 23
Stationsblatt in mehreren Exemplaren zur Verfügung stellen; rote, blaue und grüne Karten in ausreichender Zahl bereitstellen

Sätze umstellen – Sätze verbinden 24
Arbeitsblatt für alle Schüler kopieren – Es empfiehlt sich, die beiden Aufgabenteile jeweils mit Kopfleiste auf getrennte Blätter zu kopieren.

Lauter merkwürdige Sätze 26
Sätze vergrößert kopieren und auf getrennten Arbeitsblättern jeweils mit Kopfleiste für alle

Seite

Schüler zur Verfügung stellen – Alle Sätze entstammen unserem Deutschunterricht und wurden so von Schülern in ihren Geschichten aufgeschrieben.

Übungen an Texten

Wörtliche Rede und Begleitsatz I 28
Stationsblatt und Hilfe-Karte in ausreichender Menge zur Verfügung stellen, Witze einzeln und foliert bereitstellen, Lösungsblatt vorbereite.

Wörtliche Rede und Begleitsatz II 31
Arbeitsblatt für alle Schüler kopieren, Hilfe-Karte „Wörtliche Rede und Begleitsatz" (S. 30) auch für diese Station zur Verfügung stellen

Satzzeichen setzen 33
Arbeitsblatt für alle Schüler kopieren, Lösungsblatt vorbereiten (S. 48)

Einen Text in die richtige Reihenfolge bringen 35
Arbeitsblatt für alle Schüler kopieren, Lösungsblatt vorbereiten

Geschichten verfassen

Spickzettelgeschichten 37
Die Zettel mit den Überschriften mehrfach foliert zur Verfügung stellen, für die Geschichten postkartengroße farbige Zettel bereitstellen, großes Plakat für die Schülergeschichten im Klassenzimmer anbringen

Eine Geschichte ausführlicher schreiben 39
Geschichten vergrößert kopieren und auf getrennten Arbeitsblättern jeweils mit Kopfleiste in ausreichender Zahl zur Verfügung stellen

Eine Geschichte weiterschreiben 41
Geschichten vergrößert kopieren und auf getrennten Arbeitsblättern jeweils mit Kopfleiste in ausreichender Zahl zur Verfügung stellen

Gedankenblitze 43
Arbeitsblatt für alle Schüler kopieren – Es können die Überschriften der Station „Spickzettelgeschichten" (S. 38) oder eigene aus dem Erfahrungsraum der Schüler genommen werden.

Eine Überschrift finden 45
Stationsblatt in ausreichender Menge zur Verfügung stellen, den Text außerdem vergrößert auf ein Plakat kleben, Karten für die Überschriften der Schüler bereitstellen

Eine Reihumgeschichte erfinden 46
Satzkarten folieren, Kassettenrekorder mit Mikrofon bereitstellen – Diese Gruppenarbeit sollte an einen Platz verlegt werden, wo andere Kinder nicht gestört werden.

Laufzettel von: ....

Die folgenden Stationen habe ich schon geschafft:

Wortübungen

- Wortfeld *gehen*
- Wortfeld *sagen* I
- Wortfeld *sagen* II
- Verschiedene Satzanfänge finden
- Zeitformen anwenden
- Treffende Adjektive finden
- Lebendiger erzählen

Satzübungen

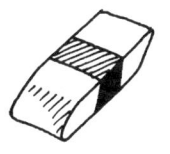

- Sätze verlängern
- Sätze bilden
- Sätze umstellen – Sätze verbinden
- Lauter merkwürdige Sätze

Texte überarbeiten

Übungen an Texten

- Wörtliche Rede und Begleitsatz I
- Wörtliche Rede und Begleitsatz II
- Satzzeichen setzen
- Einen Text in die richtige Reihenfolge bringen

Geschichten verfassen

- Spickzettelgeschichten
- Eine Geschichte ausführlicher schreiben
- Eine Geschichte weiterschreiben
- Gedankenblitze
- Eine Überschrift finden
- Eine Reihumgeschichte erfinden

Wortübungen

Wortfeld *gehen*

Wenn du beschreiben möchtest, wie dein Freund isst, stehen dir viele Wörter aus dem Wortfeld *essen* zur Verfügung: *futtern, mampfen, knabbern, schlingen, verzehren* ...

- Überlegt euch möglichst viele Wörter, die zum Wortfeld *gehen* gehören. Tragt sie in das Arbeitsblatt ein.
- Ihr könnt eure Wörter anschließend mit dem Lösungsblatt vergleichen.
- Wählt nun sechs eurer Wörter aus und bildet mit ihnen jeweils einen Satz.
- Spielt der Klasse einige Arten zu gehen vor. Ob die anderen Kinder euer Wort erraten?

Tipp: Ihr könnt die Hilfe-Karte „Wortfeld *gehen*" verwenden.

Hilfe-Karte
Wortfeld *gehen*

rennen, schreiten, trampeln, huschen, laufen, bummeln, marschieren, sprinten, rasen, wandern, waten, spazieren gehen, stampfen, schleichen, traben, joggen, springen, schlendern, latschen, schlurfen, stolpern, balancieren, fliehen, flüchten, eilen, staksen, trödeln, trotteln, kommen, flitzen, jagen, hinken, humpeln, sausen, hasten, hüpfen, hetzen, stolzieren, wandeln, poltern, watscheln, krabbeln, kriechen, klettern, tänzeln ...

Wortübungen

Arbeitsblatt: Wortfeld *gehen*

schnell *gehen* — langsam *gehen*

Wortfeld *gehen*

laut *gehen* — leise *gehen*

Wortübungen

Wortfeld *sagen* I

Wenn du beschreiben möchtest, wie dein Freund isst, stehen dir viele Wörter aus dem Wortfeld *essen* zur Verfügung: *futtern, mampfen, knabbern, schlingen, verzehren* ...

- Überlegt euch möglichst viele Wörter, die zum Wortfeld *sagen* gehören. Tragt sie in das Arbeitsblatt ein.
- Ihr könnt eure Wörter mit dem Lösungsblatt vergleichen.
- Setzt von euren Wörtern passende in den Sams-Text von Paul Maar ein.
- Vergleicht eure Lösungen mit dem Text aus dem Buch.

Tipp: Ihr könnt die Hilfe-Karte „Wortfeld *sagen*" verwenden.

Hilfe-Karte
Wortfeld *sagen*

rufen, flüstern, lallen, stöhnen, plaudern, erklären, sagen, antworten, sprudeln, murren, brüllen, wispern, stottern, ächzen, labern, erzählen, reden, erwidern, babbeln, knurren, schreien, lispeln, jammern, sich unterhalten, berichten, sprechen, entgegnen, brummen, prahlen, stammeln, meinen, beschreiben, einwenden, quasseln, schimpfen, erläutern, grölen, verraten, vorschlagen, fragen, bitten, betteln, auffordern, bestimmen, anfeuern, streiten, sich entschuldigen ...

Wortübungen

Arbeitsblatt: Wortfeld *sagen* I

etwas leise/traurig/undeutlich *sagen*

etwas laut/wütend *sagen*

Wortfeld *sagen*

etwas schnell *sagen*

etwas normal *sagen*

etwas auf eine Frage *sagen*

Wortübungen

Arbeitsblatt: Wortfeld *sagen* I

Das Sams in der Schule

Studienrat Groll stellte sich vor dem Neuen auf.

„Wie heißt du?", ... er.

„Robinson", ... der neue Schüler und lachte.

„Du sollst hier nicht lachen!", ... Herr Studienrat Groll und runzelte die Stirn.

„Warum nicht?", ... das Sams.

„Weil man hier nicht lacht!", ... Herr Groll.

„Doch, man lacht hier", stellte das Sams richtig. „Schau her!" Und es lachte, dass sein Mund von einem Ohr zum anderen zu reichen schien.
Die Kinder lachten mit, so ansteckend wirkte das.

„Ruhe!", ... Herr Groll wütend. „Außerdem sagt man nicht du zu mir. Das solltest du in dem Alter längst wissen."

„Wie denn dann?", ... das Sams erstaunt.

„Du sagst Sie zu mir, verstanden!", ... er.

„Sie?", ... das Sams verblüfft. „Bist du denn eine Frau?"

„Lümmel", ... Herr Groll. „Mich als Frau zu bezeichnen, so eine Frechheit!"

„Ist eine Frau denn etwas Schlimmes?", ... das Sams.

Wortübungen

Wortfeld *sagen* II

- Lest das Gedicht von Josef Guggenmos. Schaut euch die Wörter genau an, die der Autor für *sagen* eingesetzt hat.

- Übt nun, wie man den Text gut vorlesen kann. Achtet darauf, dass ihr die Sätze richtig betont. Ihr könnt die Rollen so aufteilen, dass einer von euch die wörtliche Rede liest und der andere die Begleitsätze. Wechselt euch dabei ab.

- Lest das Gedicht der Klasse vor.

Wortübungen

Wortfeld *sagen* II

Hauchte, wetterte, sprach, brüllte

„GESTERN ABEND", sprach er.
„ES WAR SCHON DUNKEL", erzählte er.
„WOLLTE ICH ZU MEINEM SCHWAGER", berichtete er.
„ABER IN DEM FLIEDERBUSCH VOR SEINEM HAUS", tuschelte er.
„SAH ICH ETWAS GLÜHEN", zischte er.
„ZWEI GRÜNE AUGEN", keuchte er.
„DA LAUERTE EIN GESPENST", schrie er.
„ICH –", stieß er hervor.
„AUF UND DAVON WIE DER BLITZ", gestand er.
„DA HÄTTEST DU AUCH ANGST GEHABT", behauptete er.
„NUN HABEN SIE OHNE MICH GEBURTSTAG GEFEIERT", jammerte er.
„ES WAR BESTIMMT SEHR LUSTIG", schluchzte er.
„ABER DAS NÄCHSTE MAL", knurrte er.
„NEHME ICH EINEN PRÜGEL MIT", drohte er.
„UND DANN HAUE ICH ES WINDELWEICH", verkündete er.
„DIESES FRECHE, BÖSE, HINTERHÄLTIGE, GEMEINE ...", brüllte er.
„HOFFENTLICH HAT ES DAS NICHT GEHÖRT", hauchte er.
„ABER UNTERTAGS SCHLÄFT ES", versicherte er.
„WAHRSCHEINLICH", meinte er.
„DIESES VERDAMMTE GESPENST", wetterte er.
„ODER WAR ES EINE KATZE?", fragte er.
„DAS KANN GUT SEIN", sagte ich.

Josef Guggenmos

Wortübungen

Verschiedene Satzanfänge finden

Es kommt immer wieder vor, dass in einer Geschichte ein Satz mit demselben Wort beginnt wie der vorige. Sehr oft steht das Wort *Dann* am Anfang eines Satzes. Damit deine Geschichten nicht langweilig klingen, kannst du unterschiedliche Wörter einsetzen.

- Nimm dein Deutschheft und suche aus deinen Aufsätzen möglichst viele verschiedene Satzanfänge heraus. Schreibe sie auf.

- Wenn du nur wenige verschiedene Satzanfänge gefunden hast, kannst du auch weitere Beispiele in deinem Lesebuch suchen.

- Lies dir anschließend den Text aus dem Buch „Ben liebt Anna" von Peter Härtling durch. Unterstreiche alle Satzanfänge.

- Überarbeite die Satzanfänge, indem du über jedes *Dann* einen neuen Satzanfang schreibst.
  Tipp: Du kannst die Hilfe-Karte „Satzanfänge" verwenden.

- Lies den verbesserten Text einem Mitschüler oder deinem Lehrer vor. Wenn sie zufrieden sind, kannst du den Text in dein Heft schreiben.

Hilfe-Karte
Satzanfänge

Da ... Dann ... Danach ... Auf einmal ... Plötzlich ... Inzwischen ...
Nach einiger Zeit ... Nach einigen ... Später ... Stunden / Tage später ...
Endlich ... Nach einer Weile ... Nachher ... Zuvor ... Vorher ...
Eines Tages ... Eines Morgens ... Wenige Augenblicke später ...
Zuletzt ... Auf einmal ... Am Anfang ... Als Erstes ... Jetzt ...
Nun ... Anschließend ... Schließlich ... Am Ende ... Nirgends ...
Überall ...

Wortübungen

Arbeitsblatt: Verschiedene Satzanfänge finden

… Ben fängt nicht gleich an. Erst guckt er ein riesiges Loch in die Luft. Dann geht er in sein Zimmer und holt sich das Tierbuch mit den vielen Bildern. Dann füttert er sein Meerschwein, die Meersau Trudi. Dann setzt er sich wieder an den Tisch. Dann zieht er das Rechenheft und das Rechenbuch aus der Tasche. Dann klappt er es auf. Dann legt er den Füller neben den Bleistift und den Tintentöter. Dann döst er. Dann zieht er sich die Schuhe aus und kickt sie unter den Küchenschrank. Dann bohrt er wieder in der Nase. Dann endlich fängt er an zu rechnen …

Wortübungen

Zeitformen anwenden

Bei Texten, die eine Geschichte erzählen, wird als Zeitform meist die Vergangenheit gewählt. Manchmal werden Geschichten aber auch in der Gegenwartsform geschrieben – oder die Zeitform wechselt von der Vergangenheit zur Gegenwart, wenn etwas besonders spannend geschildert werden soll.

- Nehmt euch das Zeitformen-Memory und spielt es nach den normalen Memory-Regeln.

- Lest anschließend gemeinsam den Text „Der Traum vom Fliegen" durch.

- Unterstreicht alle Verben (Zeitwörter), die zeigen, dass die Geschichte in der Gegenwartsform geschrieben ist.

- Schreibt die Geschichte in die Vergangenheitsform um. Notiert dazu über den unterstrichenen Verben (Zeitwörter) jeweils die Form der Vergangenheit.

- Vergleicht euren Text mit dem Lösungstext.

Wortübungen

Zeitformen-Memory

er regiert	er regierte
er hält	er hielt
er sucht	er suchte
sie kommt	sie kam
er denkt	er dachte
er baut	er baute
er warnt	er warnte
er befiehlt	er befahl
er hört	er hörte
er fliegt	er flog
es beginnt	es begann
sie lösen	sie lösten
er stürzt	er stürzte
sie wird	sie wurde
sie bekommt	sie bekam

Wortübungen

Arbeitsblatt: Zeitformen anwenden

Fliegen zu können wie ein Vogel, das ist ein alter Traum der Menschen. Davon erzählt auch die folgende Sage:

Der Traum vom Fliegen

Vor einigen tausend Jahren regiert König Minos auf der griechischen Insel Kreta. Dort hält der König den berühmten Erfinder Dädalus und dessen Sohn Ikarus gefangen. Tag und Nacht sucht Dädalus nach Möglichkeiten, von der Insel zu fliehen. Eines Tages kommt ihm die Idee, über das Meer zu fliegen. Dazu denkt sich Dädalus ein Fluggerät aus. Er baut für sich und seinen Sohn Flügel aus Federn und Wachs. Er warnt seinen Sohn jedoch vor der heißen Sonne und befiehlt ihm, immer genau hinter ihm zu fliegen. Doch Ikarus hört nicht auf seinen Vater und fliegt immer höher. Durch die Sonnenhitze beginnt das Wachs zu schmelzen. Die Federn lösen sich und der Unglückliche stürzt ins Meer. Seine Leiche wird an eine Insel gespült. Diese Insel bekommt deshalb den Namen Ikaria.

- Gibt es diese beiden Inseln wirklich? Schlage im Atlas nach.

Wortübungen

Treffende Adjektive finden

Damit es dir gelingt, Personen, Tiere, Dinge oder Situationen möglichst genau zu beschreiben, kannst du Adjektive (Eigenschaftswörter) verwenden.

- Schaut euch die beiden Bilder genau an.
- Sprecht über die beiden Personen, die dort abgebildet sind.
- Sucht nun Adjektive (Eigenschaftswörter), die zu diesen Personen passen.
- Schreibt eure Wörter zu den Bildern. Achtet dabei auf die Rechtschreibung. Schaut im Wörterbuch nach, wenn ihr unsicher seid.

Wortübungen

Lebendiger erzählen

Vielleicht kennst du das auch: Du hast eine tolle Idee für eine Geschichte, aber trotzdem gelingt es dir nicht, sie auch wirklich interessant oder spannend aufzuschreiben. Denke daran: Mit treffenden Adjektiven (Eigenschaftswörter) kannst du eine Geschichte lebendiger und anschaulicher erzählen.

Beispiel: Jens hat die Geschichte vorgelesen.
Jens hat die *aufregende* Geschichte *spannend* vorgelesen.

- Lest euch die einzelnen Sätze auf dem Arbeitsblatt in Ruhe durch.

- Setzt nun passende Adjektive (Eigenschaftswörter) hinzu, damit man sich die Situationen besser vorstellen kann. Vergesst dabei nicht, eure Rechtschreibung zu kontrollieren. Schaut im Wörterbuch nach, wenn ihr unsicher seid.

- Lest euch eure Ergebnisse gegenseitig vor. Wenn ihr das Gefühl habt, dass die Sätze nun anschaulicher sind, schreibt ihr sie in euer Heft.

- Kennzeichnet im Heft die Wörter farbig, die ihr eingesetzt habt.

Wortübungen

Arbeitsblatt: Lebendiger erzählen

Die Inliner lagen in der Garage.

Die .... Inliner lagen in der .... Garage.

Der Räuber überfiel gestern die Bank.

Der .... Räuber überfiel gestern die .... Bank.

Die Hexe flog auf ihrem Besen über den Wald.

Die .... Hexe flog auf ihrem .... Besen über den .... Wald.

Tina rutschte im Schwimmbad von der Rutschbahn.

....

Der Drache kam aus seiner Höhle.

....

Das Pony galoppierte mit Sarah über die Wiese.

....

In dem Buch standen viele Geschichten.

....

Satzübungen

Sätze verlängern

Vieles in einer Geschichte kannst du deutlicher und anschaulicher schildern, wenn du die Dinge und Situationen mit bildhaften Formulierungen beschreibst.

Beispiele: Die Sonne schien heiß.
Die Sonne schien so heiß, dass mir *das Eis im Becher schmolz*.
Die Sonne schien so heiß, dass mir *der Schweiß von der Nase tropfte*.

- Lest euch die angefangenen Sätze durch.

- Versucht nun die Sätze so zu verlängern, dass sich die Leser oder Zuhörer ein genaues Bild von der Situation machen können.

- Lasst eure Lösungen von eurem Lehrer kontrollieren.

- Schreibt eure Lösungen in euer Heft und unterstreicht die bildhaften Formulierungen.

Satzübungen

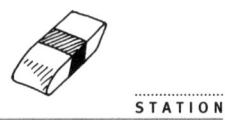

Arbeitsblatt: Sätze verlängern

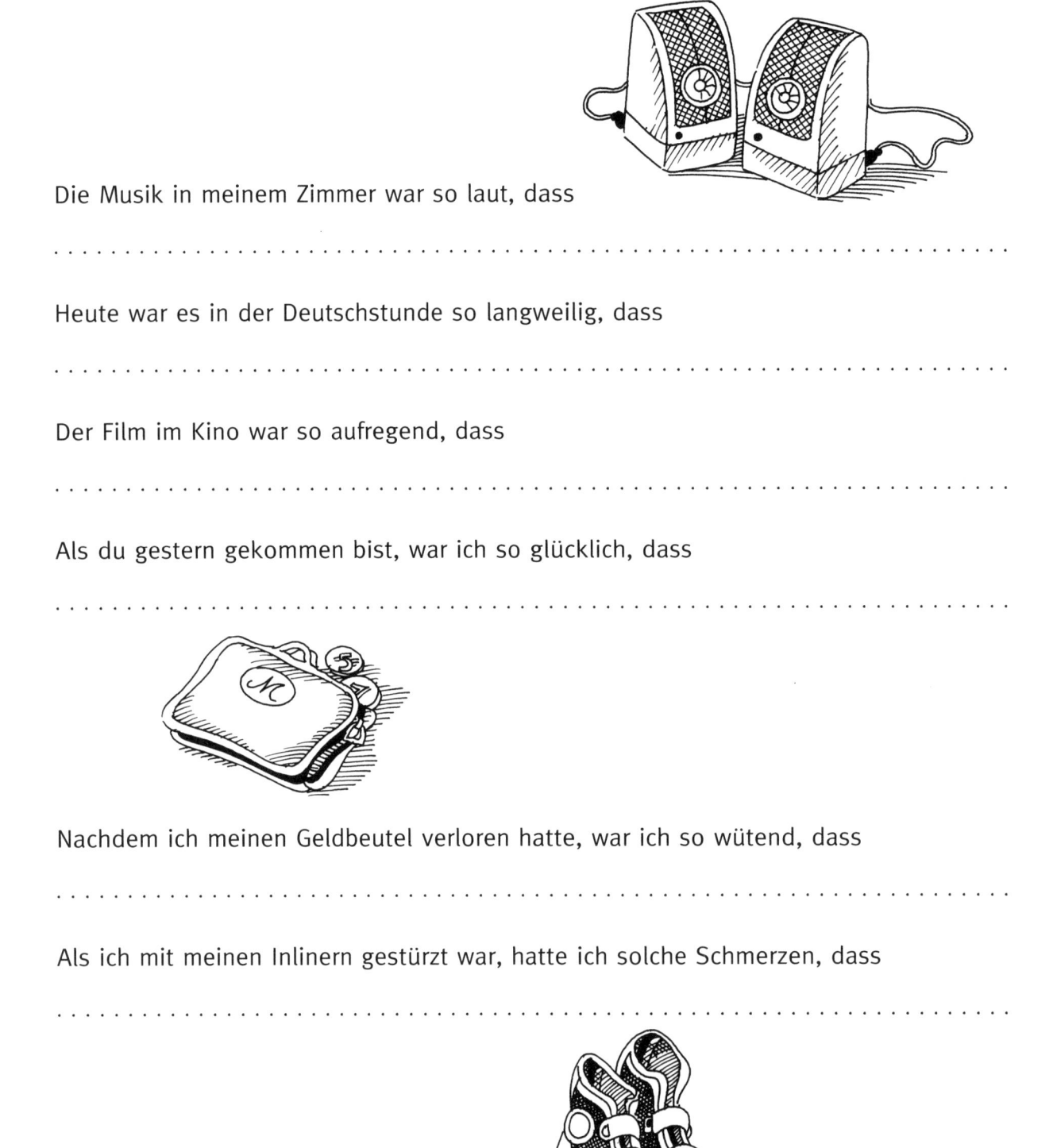

Die Musik in meinem Zimmer war so laut, dass

....

Heute war es in der Deutschstunde so langweilig, dass

....

Der Film im Kino war so aufregend, dass

....

Als du gestern gekommen bist, war ich so glücklich, dass

....

Nachdem ich meinen Geldbeutel verloren hatte, war ich so wütend, dass

....

Als ich mit meinen Inlinern gestürzt war, hatte ich solche Schmerzen, dass

....

Satzübungen

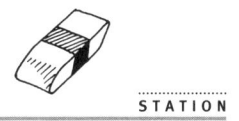

Sätze bilden

Häufig haben wir eine Idee im Kopf, aber es fällt uns schwer, sie als klaren und anschaulichen Satz aufzuschreiben.

- Jeder nimmt sich drei rote, drei blaue und drei grüne Karten und schreibt auf diese Karten jeweils ein Wort:
  - auf die *roten* Karten ein *Verb* (Zeitwort),
  - auf die *blauen* Karten ein *Substantiv* (Namenwort),
  - auf die *grünen* Karten ein *Adjektiv* (Eigenschaftswort).

- Kontrolliert, ob die Wörter richtig geschrieben sind.

- Nun kommen alle Karten in einen Topf und werden gut gemischt.

- Jeder zieht jetzt eine Karte von jeder Farbe und bildet damit einen sinnvollen Satz. Schreibt diesen Satz in euer Heft und unterstreicht die Wörter, die auf den Karten stehen.

- Lest euch die Sätze gegenseitig vor. Wenn euch ein Satz eines Mitspielers nicht gefällt, könnt ihr einen Vorschlag machen, wie er verbessert werden kann.

Satzübungen

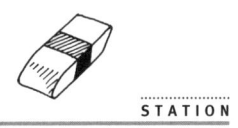

Sätze umstellen – Sätze verbinden

Wenn du verschiedene Satzanfänge finden willst, dann hast du auch die Möglichkeit, einen Satz einfach umzustellen oder zwei Sätze miteinander zu verbinden.

- Lies dir den ersten Text in Ruhe durch. Du hast sicher sofort bemerkt, dass die Sätze jeweils mit denselben Wörtern beginnen.

- Anstatt nun für jeden Satzanfang ein neues Wort zu suchen, kannst du den zweiten Satz auch einfach nur umstellen. Achte darauf, dass dabei kein Wort verloren geht.
  Beispiel: Sie packte ihre Geschenke aus. Sie freute sich sehr über die CD von ihrer Oma.
  Besser: ... *Über die* CD von ihrer Oma freute sie sich sehr.

- Lies dir dann den zweiten Text durch. Hier kannst du immer zwei Sätze zu einem verbinden und so vermeiden, dass beide Sätze gleich beginnen.
  Beispiel: Sie legte die CD in den CD-Player. Sie tanzte zu der Musik.
  Besser: Sie legte die CD in den CD-Player *und* tanzte zu der Musik.

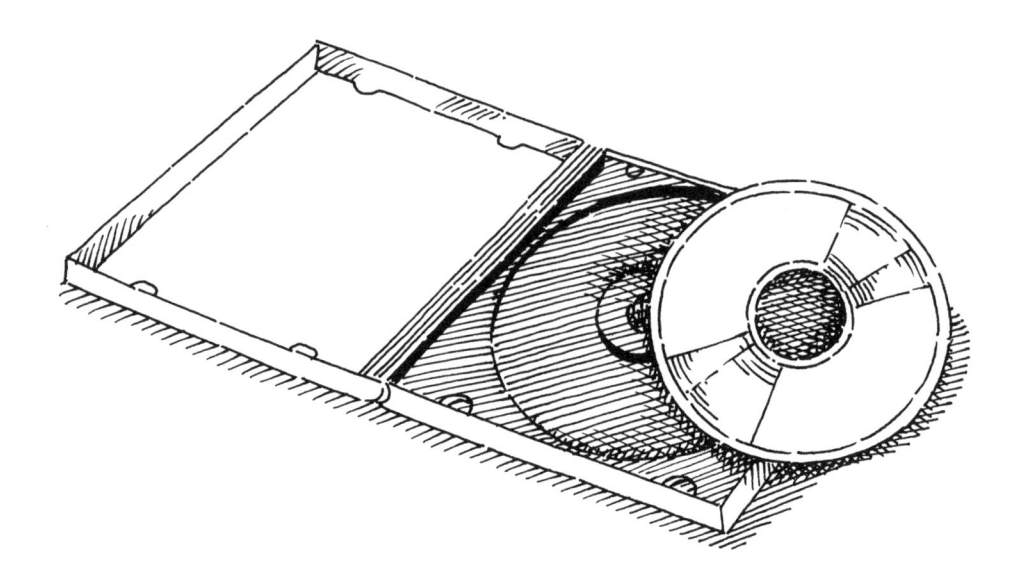

Satzübungen

Arbeitsblatt:
Sätze umstellen – Sätze verbinden

Sätze umstellen

Sie ging ins Kino. Sie sah plötzlich ihre Freundin Melanie.

....

Er bekam zum Geburtstag ein Handy. Er verschickte damit gleich eine SMS.

....

Tom schrieb einen Text am Computer. Tom prüfte die Rechtschreibung anschließend mit dem Programm.

....

....

Sie kaufte sich ein Eis. Sie hatte nun ihr ganzes Taschengeld ausgegeben.

....

Sätze verbinden

Ich fuhr über die Kreuzung. Ich wusste, dass ich Vorfahrt hatte.

....

Er sparte sein ganzes Taschengeld. Er wollte sich ein Fahrrad kaufen.

....

Sie konnte nicht kommen. Sie musste noch ihre Hausaufgaben machen.

....

Sie las in einem Witzebuch. Sie musste dabei schrecklich lachen.

....

Satzübungen

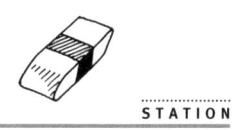

Lauter merkwürdige Sätze

Es passiert immer wieder, dass es nicht gelingt, einen Gedanken in einem verständlichen Satz auszudrücken. Hin und wieder entstehen dann sogar ganz lustige Formulierungen.

- Lest euch die „merkwürdigen Sätze" auf dem Arbeitsblatt gemeinsam durch.

- Ihr bemerkt sicher sofort, dass diese Sätze recht seltsam klingen. Trotzdem erkennt ihr bestimmt, was erzählt werden soll.

- Versucht die Sätze so zu verbessern, dass sie verständlich sind und sich gut anhören. Natürlich könnt ihr aus einem Satz auch zwei oder drei Sätze machen. Achtet auf die Rechtschreibung. Schaut im Wörterbuch nach, wenn ihr unsicher seid.

Satzübungen

STATION

Arbeitsblatt: Lauter merkwürdige Sätze

1. Als er einen Regenwurm sah, erinnerte er sich an das, wo er von der Schlange gebissen wurde.

2. Die Polizei sagte: „Es waren Einbrecher, die haben wir auch!"

3. Die Klasse, in der ich bin, haben wir ein neues Thema angefangen und das Thema heißt Europa, in dem ich ganz gut bin.

4. Ich hoffe, dass es euch gut geht und euren anderen Katzen und euren Kühen auf dem Bauernhof.

5. Eines Tages brannte das Nachbarhaus und alle, wo drinnen sind, rennen raus.

6. Dann habe ich meinen Freund geholt und bin mit ihm in die Schule gerannt in den Keller gerannt vom Schulhaus.

Arbeitsblatt: Lauter merkwürdige Sätze

1. Der Punkt, wo der Schatz vergraber war, da war eine Schaufel darüber.

2. Auf einmal bin ich runtergefallen und habe ein Gipsbein.

3. Weißt du, dass wir im Schullandheim waren, am Ende der dritten Klasse zu Abschied.

4. Und plötzlich verschwanden die Lichter wie von Erdboden verschluckt.

5. Es war einmal ein Junge, deren Familie nicht gern hatte.

6. Wo ich zu mir kam, lag ich mitten in afrikanischen Einwohnern.

Übungen an Texten

Wörtliche Rede und Begleitsatz I

Wenn in einer Geschichte Personen sprechen, nennen wir dies wörtliche Rede. Wer spricht, erfahren wir durch den zugehörigen Begleitsatz. Damit die wörtliche Rede besser zu erkennen ist, wird sie in Anführungszeichen gesetzt.

- Nimm dir eine Witzkarte und lies den Text durch.

- Unterstreiche zuerst die wörtliche Rede. Setze dann alle Redezeichen ein. Kontrolliere deine Lösung.

- Schreibe die Witze mit den Redezeichen in dein Heft.

- Falls du einen tollen Witz kennst, schreib ihn doch auf eine leere Witzkarte. Vergiss nicht die Zeichen der wörtlichen Rede.

Übungen an Texten

Wörtliche Rede und Begleitsatz I

Witzkarte 1
Lisa kommt von der Schule nach Hause und ruft aufgeregt   Papa, die Lehrerin hat herausbekommen, dass du und Onkel Paul bei den Hausaufgaben geholfen habt.   Der Vater will wissen   Wie ist die dann dahintergekommen?   Lisa antwortet   Sie hat gesagt, ein Mensch allein könne unmöglich so viele Fehler machen.

Witzkarte 2
Peter hat sein Zeugnis bekommen. Seine Mutti schimpft   Peter, dein Zeugnis gefällt mir ganz und gar nicht!   Peter erklärt   Mir auch nicht, Mama. Aber wenigstens haben wir den gleichen Geschmack.

Witzkarte 3
Im Restaurant studiert ein Ehepaar die Speisekarte.   Ich denke, du bist Vegetarier. Wieso suchst du dir Hasenbraten aus?   fragt die Frau ihren Ehemann.   Das ist ein Racheakt   erwidert er. Seine Frau schaut ihn mit großen Augen an. Er erklärt   Die Biester fressen mir im Garten doch immer den Salat weg.

Witzkarte 4
Theo meldet sich und fragt   Herr Lehrer, waren früher eigentlich die Soldaten immer nackt?   Natürlich nicht! Wie kommst du denn darauf?   antwortet der Lehrer empört.
   In meinem Geschichtsbuch steht, dass die Soldaten ausgezogen waren, um das Vaterland zu verteidigen   erklärt Theo.

Witzkarte 5

....
....
....
....
....

Übungen an Texten

Wörtliche Rede und Begleitsatz I

Hilfe-Karte

Wörtliche Rede und Begleitsatz

Wenn in einer Geschichte Personen miteinander sprechen, wird diese wörtliche Rede in Anführungszeichen gesetzt. Am Anfang stehen sie unten, am Ende oben nach dem Satzzeichen.

Steht der Begleitsatz vor der wörtlichen Rede,
kommt an sein Ende ein Doppelpunkt.

Beispiele:	Karla flüsterte:	„Mir ist das zu schwierig."
	Paul knurrte:	„Mach doch endlich!"
	Viola fragte:	„Meinst du mich?"

Der Begleitsatz kann aber auch nach der wörtlichen Rede stehen.
Dann werden wörtliche Rede und Begleitsatz durch ein Komma getrennt.

Beispiele:	„Mir ist das zu schwierig",	flüsterte Karla.
		(Achtung: Punkt entfällt!)
	„Mach doch endlich!",	knurrte Paul.
	„Meinst du mich?",	fragte Viola.

Übungen an Texten

Wörtliche Rede und Begleitsatz II

Häufig werden beim Geschichtenschreiben die Redezeichen und die Begleitsätze vergessen. Für die Leser wird es dann sehr schwierig, die Geschichte zu verstehen.

- Lest euch die Geschichte „Vaters Backtag" durch. Versucht sie mit verteilten Rollen zu lesen. Das ist gar nicht so leicht, denn es fehlen Satzzeichen und einige Begleitsätze.

- Überarbeitet den Text nun. Unterstreicht zuerst die wörtliche Rede. Nehmt für Vater und Tochter verschiedene Farben.

- Überlegt euch dann passende Begleitsätze und schreibt sie über die jeweilige Textstelle. Vermeidet dabei Wortwiederholungen – also nicht nur *sagen* und *antworten* einsetzen.

- Ergänzt die fehlenden Satzzeichen.

- Lasst eure Lösungen von eurem Lehrer kontrollieren.

- Schreibt nun den überarbeiteten zweiten Teil der Geschichte in euer Heft.

© Cornelsen Verlag Scriptor, Berlin • Lernen an Stationen • Themenheft „Bessere Aufsätze: Texte überarbeiten"

Übungen an Texten

Arbeitsblatt: Wörtliche Rede und Begleitsatz II

Vaters Backtag

Verenas Vater hat Urlaub. Er möchte seine Familie überraschen und backt einen Kuchen. Mühevoll rührt und knetet er den Teig zusammen. Dann schiebt er den Kuchen in den Ofen. Nach einer Stunde holt er ihn wieder heraus. Verenas Vater ist sehr stolz, denn der Kuchen ist ihm wirklich gut gelungen. Da kommt, vom Kuchenduft angelockt, Verena in die Küche gerannt und stürzt sich auf den Kuchen, um davon zu naschen.

Halt, Halt! Finger weg von meinem Kuchen, den gibt es erst heute Nachmittag!   ruft der Vater. Verena protestiert   Ich will aber jetzt Kuchen.   Nein   Ich will aber nur ein ganz kleines Stück.   Ich habe schon einmal nein gesagt.   Ich will aber! schreit Verena zornig und stapft mit dem Fuß auf.   Mach doch nicht so ein Theater. Der Kuchen ist noch viel zu heiß. Spiel lieber mit deinem kleinen Bruder.   Ich will aber nicht mit Tim spielen. Ich will ein Stück Kuchen.

Verenas Vater dreht sich um und geht aus der Küche.   In nächster Zeit backe ich bestimmt keinen Kuchen mehr!

Übungen an Texten

Satzzeichen setzen

Wenn Sätze nicht mit Satzzeichen beendet werden, ist ein Text kaum zu verstehen. Es wird dann nicht klar, wann ein Gedanke, eine Aussage oder eine Frage abgeschlossen sind.

- Lest euch die Geschichte „Von Frankfurt nach London" gemeinsam durch.

- Sicher hattet ihr Schwierigkeiten, den Inhalt richtig zu verstehen. Das liegt daran, dass die Sätze nicht mit Satzzeichen beendet werden.

- Jetzt versucht jeder für sich, an den richtigen Stellen Punkt, Fragezeichen oder Ausrufezeichen zu setzen. Verbessert auch das nachfolgende Wort, sodass es mit einem Großbuchstaben beginnt.

- Nun liest einer dem anderen die Geschichte vor. Macht nach jedem Satz eine deutliche Pause. Wenn dein Zuhörer die Geschichte jetzt gut versteht, hast du die Satzzeichen bestimmt richtig gesetzt.

- Kontrolliert eure Lösung mit dem Lösungsblatt.

Übungen an Texten

Arbeitsblatt: Satzzeichen setzen

Von Frankfurt nach London

Meine Tante und mein Onkel wohnen in London wenn wir sie besuchen wollen, fliegen wir immer mit dem Flugzeug unsere Flugkarten hat Mama schon vor einigen Wochen gekauft am Flughafen muss sie sie mit unseren Pässen am Abfertigungsschalter zeigen dann bekommt jeder eine Bordkarte unsere Koffer müssen wir auch dort abgeben, bis auf ein Handgepäckstück nur das dürfen wir mit ins Flugzeug nehmen auf dem Flughafen gibt es viele Hinweisschilder warum sind darauf nur so viele Bildzeichen die internationale Sprache beim Fliegen ist Englisch nun müssen wir noch durch die Bordkontrolle hier werden unsere Bordkarten geprüft, damit wir auch ins richtige Flugzeug einsteigen als wir endlich unsere Plätze eingenommen haben, rollt die Maschine auf die Startbahn nach kurzer Zeit heult der Motor auf und wir rasen los das Flugzeug hebt ab ein tolles Gefühl während ich aus dem Fenster schaue, wird alles immer kleiner die Häuser sehen jetzt aus wie Spielzeug ich lehne mich zurück und freue mich auf London in nur zwei Stunden sind wir dort ob uns meine Tante und mein Onkel wieder abholen

Übungen an Texten

Einen Text in die richtige Reihenfolge bringen

Sicher weißt du, wie leicht man beim Geschichtenschreiben einmal durcheinander kommen kann. Viele Gedanken und Ideen schwirren im Kopf umher. Da passiert es schon mal, dass man die Reihenfolge nicht ganz richtig einhält.

- Lies die Textstreifen durch.
- Schneide sie aus und versuche sie in die richtige Reihenfolge zu bringen.
- Lies den Text noch einmal durch.
- Vergleiche deine Lösung mit dem Lösungsblatt.
- Klebe die Textteile dann auf ein Blatt und gestalte es passend.

Übungen an Texten

Arbeitsblatt:
Einen Text in die richtige Reihenfolge bringen

Der Lärm weckte die Elefanten. Das Elefantenjunge schien Angst zu haben.
Ein Zoobesuch mit überraschendem Ende
Er zog das Wasser tief ein, richtete seinen Rüssel gegen Jo und pustete mit aller Kraft das Wasser auf den frechen Jungen.
Jo war enttäuscht, weil die Elefantenmutter und ihr Junges schliefen.
Pitschnass und tropfend stand Jo nun da.
Der kleine Jo ging mit seiner Mutti in den Zoo. Zuerst kamen sie bei den Löwen und den Affen vorbei. Dann besuchten sie das Elefantengehege.
Plötzlich fing Jo an zu schreien und zu toben. Er trommelte mit den Füßen gegen den Zaun des Geheges.
So endete für Jo der Zoobesuch sehr überraschend.
Der große Elefant schien sehr verärgert. Einen Augenblick später tauchte er seinen langen Rüssel in das Wasserbecken.
Doch Jo hörte nicht auf zu toben. Es gefiel ihm, die Elefanten zu ärgern. Er brüllte noch lauter und zeigte den Tieren hässliche Grimassen.
Das Elefantenjunge schien sich zu freuen und Jos Mutti sprach lachend: „Das geschieht dir recht. Nun müssen wir gleich nach Hause, die nassen Kleider ausziehen."
Jos Mutti schimpfte mit ihm und sagte ihm, er solle damit aufhören. Aber Jo tobte weiter und freute sich über die verunsicherten Elefanten.

Geschichten verfassen

Spickzettelgeschichten

Manchmal hat man keine Lust, eine Geschichte zu schreiben. Vielleicht ist es einfach zu heiß oder es fällt einem nichts ein. Es muss aber auch nicht immer eine richtig lange, ausführliche Geschichte sein. Versuche es doch einmal mit einer ganz kurzen.

- Nehmt euch jeder einen Zettel mit einer Überschrift.

- Überlegt euch zu eurer Überschrift eine kurze Geschichte.

- Schreibt eure Geschichte auf einen der bereitgelegten Zettel. Mit dem Platz auf diesem Zettel müsst ihr dabei auskommen.

- Achtet darauf, dass eure Geschichte trotzdem verständlich ist. Lasst also alles weg, was unwichtig ist, aber nichts, was man wissen *muss*.

- Lest euch eure Geschichten gegenseitig vor. Vielleicht könnt ihr euch Tipps geben, wie ihr die Geschichten noch verbessern könnt.

- Lest eure Geschichten auch der Klasse vor und heftet sie dann an das Spickzettel-geschichten-Plakat.

Geschichten verfassen

Spickzettelgeschichten

Der vergessliche Ritter	In einem tiefen Wald
Raumschiffpanne im Weltall	Der gutmütige Räuber Liebling
Der Geheimgang führt zu Schloss …	Eine merkwürdige Flaschenpost
Das Pferd Hamsdibamsdi	Mord im Schloss – Die Polizei steht vor einem Rätsel
In einem U-Boot gefangen	Eines Tages verschwand die Sonne

Geschichten verfassen

Eine Geschichte ausführlicher schreiben

Eine Geschichte ausführlich und spannend zu schreiben, ist manchmal gar nicht so einfach. Wichtig ist, dass man im Hauptteil alle wichtigen Einzelheiten in der richtigen Reihenfolge erzählt.

- Lies dir die beiden Geschichten durch und wähle eine davon aus.
- An welcher Stelle könnte man sie genauer erzählen? Kennzeichne diese Stelle.
- Überlege dir, wie die Geschichte hier weitergehen könnte, und schreibe es auf.
- Finde eine passende Überschrift.
- Male ein Bild zu deiner Geschichte.
- Stelle dein Ergebnis der Klasse vor.

Geschichten verfassen

Arbeitsblatt:
Eine Geschichte ausführlicher schreiben

Auf dem Jahrmarkt kaufte ich mir von meinem Taschengeld einen großen knallgelben Luftballon. Stolz lief ich mit ihm weiter. Plötzlich spürte ich, wie mich der Luftballon immer stärker nach oben zog. Ich verlor den Boden unter meinen Füßen. Immer höher und höher flog ich mit dem Ballon. Die Welt unter mir, die Menschen, Häuser, Autos wurden kleiner und kleiner. Plötzlich hörte ich eine Stimme: „Ich fliege dich, wohin du willst."
Erschöpft landete ich im weichen Gras. „Das war ein tolles Erlebnis", dachte ich glücklich.

Arbeitsblatt:
Eine Geschichte ausführlicher schreiben

Endlich war es so weit. Die Turmuhr schlug Mitternacht. Ich öffnete lautlos mein Fenster und schlich mich hinaus. So schnell ich konnte lief ich die leere, einsame Straße entlang, immer weiter weg von zu Hause. Ich lief und lief, bis ich mitten in der Stadt war. Da stand ich nun vollkommen außer Atem und allein – ganz allein. Die großen dunklen Häuser wirkten wie bedrohliche Schatten. Mutig wollte ich sein, doch ich spürte, wie die Angst in mir immer größer wurde.
Endlich entdeckte ich mein Haus. Das Fenster stand noch offen. Erschöpft schlüpfte ich hinein und legte mich ins Bett. Erleichtert schlief ich ein.

Geschichten verfassen

Eine Geschichte weiterschreiben

Manchmal hört eine Geschichte auf, wenn man gerade gespannt ist, wie sie ausgeht. Dann bleibt einem nichts anderes übrig, als sich den Schluss selbst auszudenken.

- Wähle von den beiden Geschichten eine aus und lies diese nochmals durch.
- Überlege: Wie könnte sie weitergehen? Schließe die Augen und träume die Geschichte zu Ende. Denke daran, Geschichten können ein trauriges, lustiges, überraschendes, glückliches, erschreckendes … Ende haben.
- Schreibe die Geschichte weiter. Wie sie wohl bei dir endet?
- Finde eine passende Überschrift.
- Lies der Klasse deine Geschichte vor.

Geschichten verfassen

Arbeitsblatt: Eine Geschichte weiterschreiben

Es war einmal ein Räuber, der hatte sooo viel gestohlen, dass er meinte, jetzt nichts mehr zu brauchen. Er hatte genug Geld und Diamanten, genug Wurst und Brot und viel zu viele Kartoffeln. Hosen hatte er gestohlen, Hemden, Strümpfe und Mützen, Rasierschaum und Seife. Es fehlte ihm nichts … außer Büchern. Bücher hatte der Räuber noch nicht. Deshalb nahm er seinen Sack, lief in einen Buchladen und raubte sich welche. Als er die vielen Bücher zu Hause ausgepackt hatte, fasste er sich an den Kopf.
„Verdammt!", fluchte er, „ich kann ja nicht lesen. Jetzt brauche ich einen Lehrer, der es mir beibringt!" Der Räuber nahm seinen größten Sack und marschierte damit in die Schule. Dort packte er den erstbesten Lehrer am Kragen. Aber der wehrte sich tüchtig und konnte entwischen. Da kam eine Lehrerin über den Flur. Die stieg freiwillig in den Räubersack ein. Sie dachte sich nämlich, dass es leichter sein müsste, dem Räuber das Lesen beizubringen, als fünfundzwanzig kleinen Schulkindern. Schnell schnürte der Räuber den Sack zu, warf ihn sich über die Schulter und verließ geschwind das Schulgebäude …

Arbeitsblatt: Eine Geschichte weiterschreiben

Wütend knallte Sophie die Tür hinter sich zu. Sie warf sich auf ihr Bett und weinte vor Zorn: „Immer nur Ärger mit den Eltern! Alles, was Spaß macht, ist verboten. Tu dies nicht, dafür tu das! Lernen, immer nur lernen. Mir stinkts! Ich werde es allen zeigen!" Sie starrte an die Decke und dachte nach. Dann hatte sie eine Idee. Sofort ….

Geschichten verfassen

Gedankenblitze

Wenn du eine Geschichte schreiben willst, ist es hilfreich, deine ersten Gedanken schnell zu notieren. Auch das kannst du üben.

- Zieht einen Zettel mit einer Überschrift und lest sie euch gut durch.
- Nun schließt am besten die Augen und träumt einige Augenblicke. Denkt dabei an eure Überschrift.
- Wenn ihr eine Vorstellung von eurer Geschichte gewonnen habt, nehmt ihr euch ein Arbeitsblatt und füllt es sofort aus. Notiert dabei nur Stichworte, keine ganzen Sätze.
- Wenn ihr euer Blatt so gut wie möglich ausgefüllt habt, könnt ihr mit eurem Partner in eine ruhige Ecke gehen und euch eure Geschichten anhand der Vorlage gegenseitig erzählen.
- Falls euch bei der Geschichte, die ihr erzählt bekommt, etwas nicht gefällt, könnt ihr eurem Partner vielleicht Hilfen geben.
- Heftet euer Arbeitsblatt anschließend an das Plakat für die Gedankenblitze.

Geschichten verfassen

Arbeitsblatt: Gedankenblitze

Wann spielt deine Geschichte?

Wer kommt alles in deiner Geschichte vor?

Was ereignet sich?

Wo spielt deine Geschichte?

Wie geht deine Geschichte aus?

Geschichten verfassen

Eine Überschrift finden

Eine passende Überschrift für eine Geschichte zu finden, ist gar nicht so leicht, aber sehr wichtig. Denn die Überschrift soll ja neugierig machen auf deine Geschichte.

- Lest euch den Text von Astrid Lindgren in Ruhe durch.

- Sprecht über den Inhalt, damit ihr genau wisst, was erzählt wird.

- Überlegt euch nun eine interessante Überschrift, die nicht zu viel verrät. Schreibt sie auf eine bereitgelegte Karte. Achtet auf die Rechtschreibung.

- Klebt eure Überschrift auf das Plakat mit dem Text.

- Wenn alle Schüler ihre Überschrift angeheftet heben, könnt ihr mit der ganzen Klasse die einzelnen Vorschläge besprechen.

In einer dunklen Herbstnacht schlich ein Mann durch die kleine Pforte in der Schlossmauer. Er sah sich mit scheuen Blicken um. Vielleicht lauerten sie auf ihn dort zwischen den Bäumen im Park? Unter seiner schwarzen Pelerine* drückte der Mann ein Bündel an sich. Oh, seinen Schatz sollten sie ihm niemals fortnehmen, eher würde er sein Leben dafür lassen!
Mit einem Satz sprang er aufs Pferd. Da hallte ein Schuss durch die Nacht, der Mann schrie auf und fiel aus dem Sattel, und im nächsten Augenblick galoppierte ein weißes Pferd ohne Reiter zwischen den dunklen Bäumen fort. ...

* Umhang oder Regenmantel

Geschichten verfassen

Eine Reihumgeschichte erfinden

Könnt ihr gut Geschichten erfinden? Habt ihr Ideen und Fantasie? Hier könnt ihr es ausprobieren. Denkt daran: Eine Geschichte braucht eine kurze Einleitung, einen ausführlichen, spannenden Hauptteil und einen passenden Schluss.

- Sucht euch einige Partner, nehmt euch einen Kassettenrekorder mit Mikrofon und bildet an einem ruhigen Platz einen Sitzkreis.

- Zieht eine Karte mit einem Textanfang und lest ihn laut vor.

- Erzählt nun eine Reihumgeschichte passend zu diesem Satz. Geht dabei so vor: Der Erste nimmt das Mikrofon, liest den gezogenen Satz vor und gibt das Mikrofon weiter. Nun ergänzt ihr reihum einen Satz, der zum vorigen passt. Die Runden wiederholen sich so lange, bis die Geschichte zu Ende erzählt ist. Hinweis: Ihr müsst gut aufpassen, denn euer Satz muss ja zu den vorherigen Sätzen passen.

- Wenn eure Geschichte zu Ende ist, hört ihr euch die Kassette an. Bestimmt findet ihr Stellen, die ihr überarbeiten und verbessern könnt. Sprecht darüber.

- Startet nun einen zweiten Durchgang und versucht eure Geschichte zu verbessern.

- Wenn ihr mit eurem Ergebnis zufrieden seid, könnt ihr eure Aufnahme der Klasse vorspielen.

Geschichten verfassen

Eine Reihumgeschichte erfinden

Alle meine Freunde hatten mich davor gewarnt, in den Wald zu gehen.	Seit Tagen freute ich mich schon darauf, mit dem Pony zu reiten.
Plötzlich klirrte eine Scheibe und ich zog die Decke über meinen Kopf.	Ich nahm den Telefonhörer und fragte: „Wer sind Sie?"
Mutti kam zur Tür herein und fragte mich ganz erstaunt: „Musste das sein?"	Ich saß im Garten, als ein Schmetterling kam und mir ins Ohr flüsterte.
„Schon wieder eine Fünf im Diktat. Wie soll ich das zu Hause nur erklären?"	Als ich heute Morgen aufwachte, war alles ganz anders. Plötzlich war ich die Lehrerin.
Der kleine Hase hoppelte über die Wiese und blieb vor mir stehen.	Die Prinzessin zog ihr schönstes Kleid an und lief hinaus.
„Wo bist du nur gewesen?", fragte mich Mutti. Ich musste ihr alles beichten.	Schweißgebadet wachte ich auf. – Das konnte doch nicht wirklich passiert sein.

Lösungen

Seite 7
Wortfeld *gehen*

schnell gehen: rennen, laufen, sprinten, rasen, traben, joggen, fliehen, flüchten, eilen, flitzen, jagen, sausen, hasten, hetzen …
langsam gehen: schreiten, bummeln, wandern, spazieren gehen, schlendern, latschen, staksen, trödeln, stolzieren, wandeln, waten, hinken, humpeln …
laut gehen: trampeln, marschieren, stampfen, schlurfen, stolpern, poltern, watscheln …
leise gehen: huschen, schleichen, balancieren, kriechen, tänzeln …

Seite 9
Wortfeld *sagen* I

etwas leise/traurig/undeutlich sagen: wispern, flüstern, jammern, stöhnen, lallen, stottern, lispeln, stammeln …
etwas laut/wütend sagen: schreien, rufen, brüllen, prahlen, schimpfen, brummen, knurren, murren …
etwas schnell sagen: babbeln, plappern, quasseln, sprudeln …
etwas auf eine Frage sagen: antworten, erwidern, entgegnen, einwenden, raten …
etwas normal sagen: erklären, reden, sprechen, erzählen, berichten, beschreiben, erläutern, plaudern, sich unterhalten, meinen …

Seite 10
Wortfeld *sagen* I
So lautet der Text im Buch. – Aber natürlich gibt es viele verschiedene richtige Lösungen.

Das Sams in der Schule
Studienrat Groll stellte sich vor dem Neuen auf.
„Wie heißt du?", **fragte** er.
„Robinson", **sagte** der neue Schüler und lachte.
„Du sollst hier nicht lachen!", **befahl** Herr Studienrat Groll und runzelte die Stirn.
„Warum nicht?", **fragte** das Sams.
„Weil man hier nicht lacht!", **erklärte** Herr Groll.
(…)
„Ruhe!", **schrie** Herr Groll wütend. „Außerdem sagt man nicht du zu mir. Das solltest du in dem Alter längst wissen."
„Wie denn dann?", **fragte** das Sams erstaunt.
„Du sagst Sie zu mir, verstanden!", **erklärte** er.
„Sie?", **fragte** das Sams verblüfft. „Bist du denn eine Frau?"
„Lümmel", **schimpfte** Herr Groll. „Mich als Frau zu bezeichnen, so eine Frechheit!"
„Ist eine Frau denn etwas Schlimmes?", **fragte** das Sams.

Seite 17
Zeitformen

Der Traum vom Fliegen
Vor mehreren tausend Jahren **regierte** König Minos auf der griechischen Insel Kreta. Dort **hielt** der König den berühmten Erfinder Dädalus und dessen Sohn Ikarus gefangen. Tag und Nacht **suchte** Dädalus nach Möglichkeiten, von der Insel zu fliehen. Eines Tages **kam** ihm die Idee, über das Meer zu fliegen. Dazu **dachte** sich Dädalus ein Fluggerät aus. Er **baute** für sich und seinen Sohn Flügel aus Federn und Wachs. Er **warnte** seinen Sohn jedoch vor der heißen Sonne und **befahl** ihm, immer genau hinter ihm zu fliegen. Doch Ikarus **hörte** nicht auf seinen Vater und **flog** immer höher. Durch die Sonnenhitze **begann** das Wachs zu melzen. Die Federn **lösten** sich und der Unglückliche **stürzte** ins Meer. Seine Leiche **wurde** an eine Insel gespült. Diese Insel **bekam** deshalb den Namen Ikaria.

Seite 34
Satzzeichen setzen

Von Frankfurt nach London
Meine Tante und mein Onkel wohnen in London. **W**enn wir sie besuchen wollen, fliegen wir immer mit dem Flugzeug. **U**nsere Flugkarten hat Mama schon vor einigen Wochen gekauft. **A**m Flughafen muss sie sie mit unseren Pässen am Abfertigungsschalter zeigen. **D**ann bekommt jeder eine Bordkarte. **U**nsere Koffer müssen wir auch dort abgeben, bis auf ein Handgepäckstück. **N**ur das dürfen wir mit ins Flugzeug nehmen. **A**uf dem Flughafen gibt es viele Hinweischilder. **W**arum sind darauf nur so viele Bildzeichen**?** **D**ie internationale Sprache beim Fliegen ist Englisch. **N**un müssen wir noch durch die Bordkontrolle. **H**ier werden unsere Bordkarten geprüft, damit wir auch ins richtige Flugzeug einsteigen. **A**ls wir endlich unsere Plätze eingenommen haben, rollt die Maschine auf die Startbahn. **N**ach kurzer Zeit heult der Motor auf und wir rasen los. Das Flugzeug hebt ab. **E**in tolles Gefühl**!** **W**ährend ich aus dem Fenster schaue, wird alles immer kleiner. **D**ie Häuser sehen jetzt aus wie Spielzeug. **I**ch lehne mich zurück und freue mich auf London. **I**n nur zwei Stunden sind wir dort. **O**b uns meine Tante und mein Onkel wieder abholen**?**